AF187477

Impressum
Verlag: BABADADA GmbH, Nedderfeld 112 , 22529 Hamburg
Geschäftsführer / Verlagsleitung: Harald Hof
Druck: Books on Demand GmbH, In de Tarpen 42, 22848 Norderstedt

Imprint
Publisher: BABADADA GmbH, Nedderfeld 112 , 22529 Hamburg, Germany
Managing Director / Publishing direction: Harald Hof
Print: Books on Demand GmbH, In de Tarpen 42, 22848 Norderstedt, Germany

escuela
школа

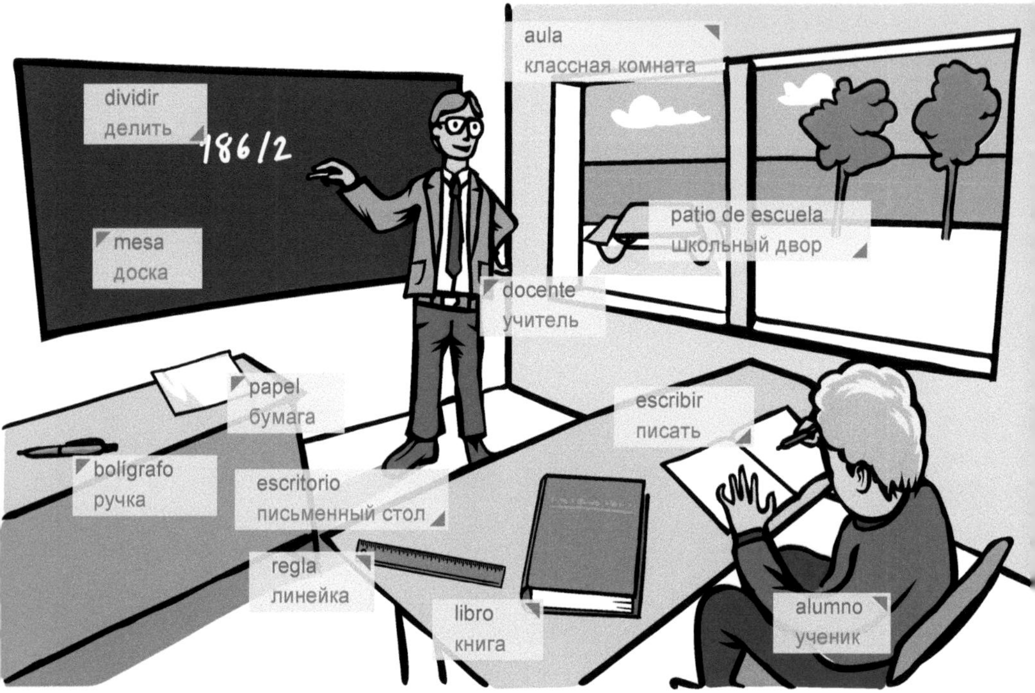
aula
классная комната
dividir
делить
186/2
mesa
доска
patio de escuela
школьный двор
docente
учитель
papel
бумага
escribir
писать
bolígrafo
ручка
escritorio
письменный стол
regla
линейка
libro
книга
alumno
ученик

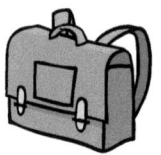

mochila escolar

ранец

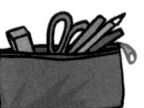

caja de lápices

пенал

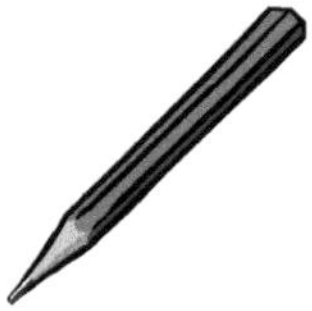

lápiz

карандаш

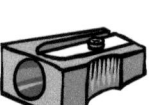

sacapuntas

точилка

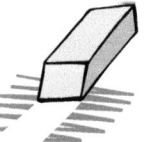

goma de borrar

ластик

bloc de dibujo

альбом для рисования

dibujo

рисунок

pincel

кисточка

caja de pinturas

коробка красок

tijera

ножницы

pegamento

клей

libro de ejercicios

тетрадь

tarea

домашняя работа

número

цифра

sumar

прибавлять

restar

вычитать

multiplicar

умножать

calcular

считать

letra

буква

alfabeto

алфавит

palabra

слово

texto

текст

leer

читать

tiza

мел

lección

урок

libro de clase

классный журнал

examen

экзамен

certificado

диплом

uniforme escolar

школьная форма

educación

образование

enciclopedia

энциклопедия

universidad

университет

microscopio

микроскоп

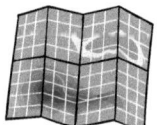

mapa

карта

cesto de papeles

корзина для бумаг

viaje

путешествие

hotel
гостиница
Grand
albergue
турбаза
ROOMS
casa de cambio
пункт обмена валюты
maleta
чемодан
auto
автомобиль

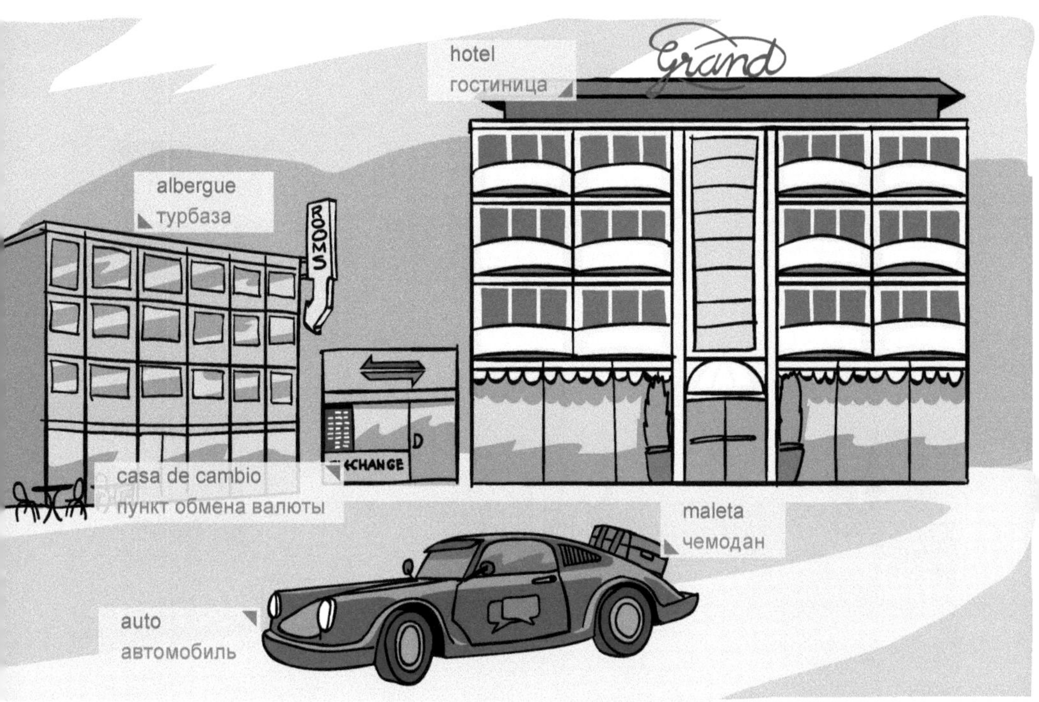

idioma

язык

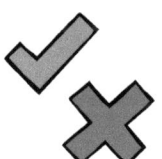

sí / no

да / нет

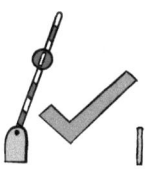

ok

хорошо

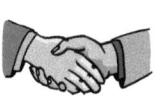

hola

Привет

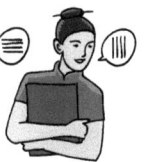

intérprete

переводчик

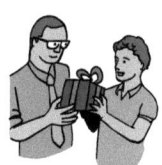

gracias

Спасибо

¿Cuánto cuesta...?

Сколько стоит...?

No entiendo

Я не понимаю

problema

проблема

¡Buenas tardes!

Добрый вечер!

¡Buenos días!

Доброе утро!

¡Buenas noches!

Доброй ночи!

adiós

До свидания

dirección

направление

equipaje

багаж

bolso

сумка

mochila

рюкзак

invitado

гость

cuarto

комната

saco de dormir

спальный мешок

tienda de campaña

палатка

viaje - путешествие

información al turista

туристическая информация

playa

пляж

tarjeta de crédito

кредитная карточка

desayuno

завтрак

almuerzo

обед

cena

ужин

pasaje

билет

ascensor

лифт

sello

почтовая марка

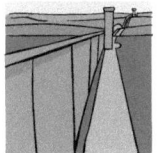

límite

граница

aduana

таможня

embajada

посольство

visa

виза

pasaporte

паспорт

transporte
транспорт

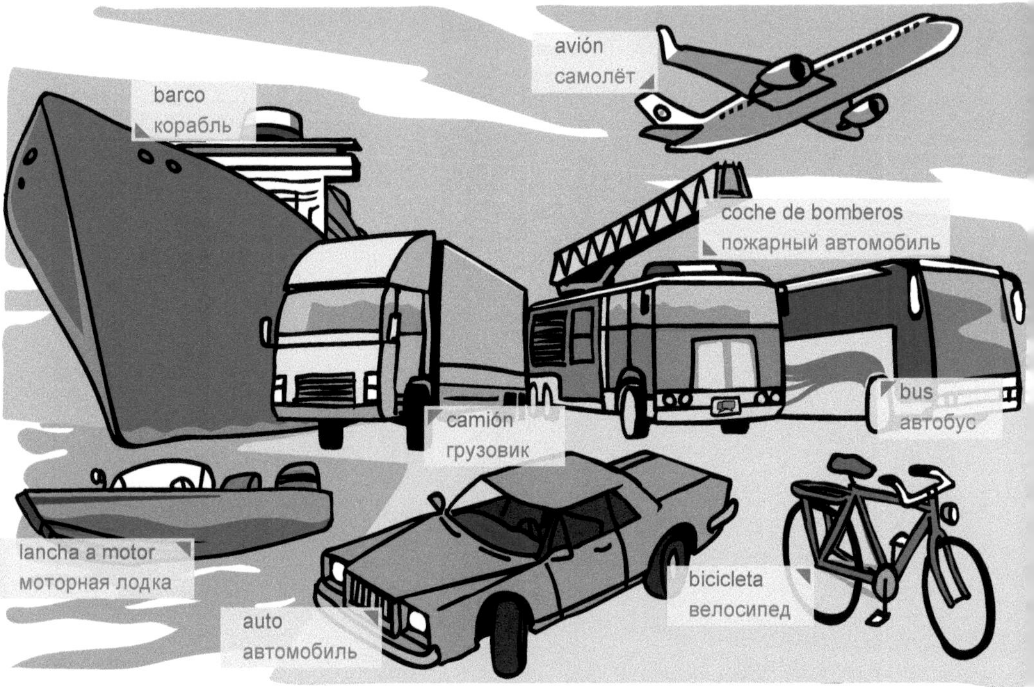

avión
самолёт
barco
корабль
coche de bomberos
пожарный автомобиль
camión
грузовик
bus
автобус
lancha a motor
моторная лодка
bicicleta
велосипед
auto
автомобиль

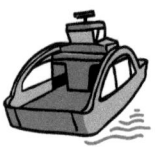

balsa

паром

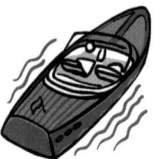

lancha

лодка

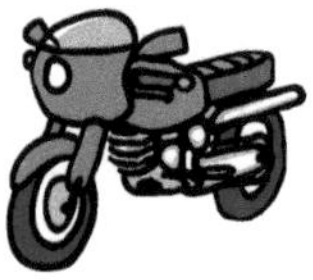

motocicleta

мотоцикл

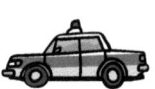

auto de policía

полицейский автомобиль

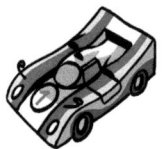

auto de carreras

гоночный автомобиль

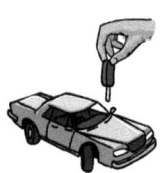

auto de alquiler

арендованный автомобиль

alquiler de autos

совместное пользование
автомобилями

grúa

буксировочный
автомобиль

vehículo recolector de
basura

мусоровоз

motor

двигатель

gasolina

топливо

gasolinera

заправка

señal de tráfico

дорожный знак

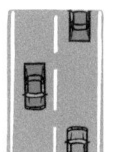

tránsito

движение

atasco

пробка

estacionamiento

автостоянка

estación de tren

вокзал

carril

рельсы

tren

поезд

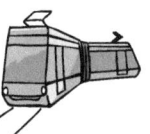

tranvía

трамвай

vagón

вагон

helicóptero

вертолёт

aeropuerto

аэропорт

torre

вышка

pasajero

пассажир

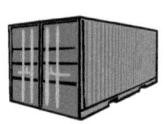

contenedor

контейнер

caja de cartón

коробка

carro

тележка

cesta

корзина

despegar / aterrizar

взлетать / приземляться

ciudad

город

aldea

деревня

contro de la ciudad

центр города

casa

дом

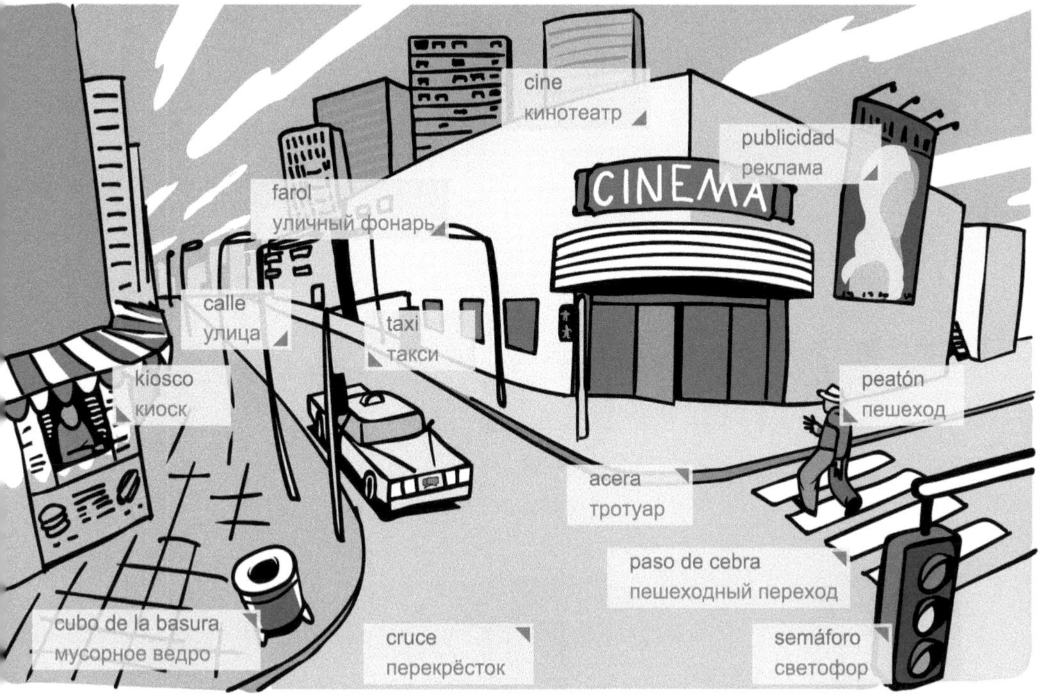

cine
кинотеатр

publicidad
реклама

farol
уличный фонарь

calle
улица

taxi
такси

kiosco
киоск

peatón
пешеход

acera
тротуар

paso de cebra
пешеходный переход

cubo de la basura
мусорное ведро

cruce
перекрёсток

semáforo
светофор

CINEMA

cabaña

хижина

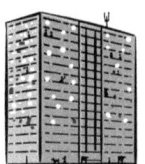

apartamento

квартира

estación de tren

вокзал

ayuntamiento

ратуша

museo

музей

escuela

школа

universidad

университет

banco

банк

hospital

больница

hotel

гостиница

farmacia

аптека

oficina

офис

librería

книжный магазин

negocio

магазин

florería

цветочный магазин

supermercado

супермаркет

mercado

рынок

grandes almacenes

универмаг

pescadería

торговец рыбой

centro comercial

торговый центр

puerto

порт

parque

парк

banco

скамейка

puente

мост

escalera

лестница

metro

метро

túnel

тоннель

parada de autobuses

автобусная остановка

bar

бар

restaurante

ресторан

buzón de correo

почтовый ящик

letrero

табличка с названием
улицы

parquímetro

паркометр

zoológico

зоопарк

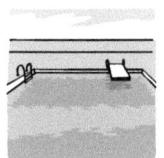

piscina

бассейн

mezquita

мечеть

granja

ферма

polución

загрязнение окружающей среды

cementerio

кладбище

iglesia

церковь

parque infantil

детская площадка

templo

храм

paisaje

ландшафт

hoja
лист

indicador de camino
дорожный указатель

sendero
дорога

pradera
луг

piedra
камень

árbol
дерево

caminante
путешественник

rio
река

pasto
трава

flor
цветок

valle

долина

montaña

гора

lago

озеро

bosque

лес

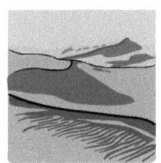

desierto

пустыня

volcán

вулкан

castillo

замок

arco iris

радуга

seta

гриб

palmera

пальма

mosquito

комар

mosca

муха

hormiga

муравей

abeja

пчела

araña

паук

escarabajo

жук

rana

лягушка

ardilla

белка

erizo

еж

liebre

заяц

lechuza

сова

pájaro

птица

cisne

лебедь

jabalí

кабан

ciervo

олень

alce

лось

embalse

плотина

aerogenerador

ветряной генератор

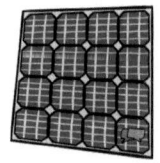

módulo solar

солнечная батарея

clima

климат

restaurante
ресторан

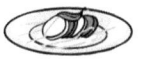

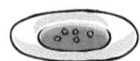

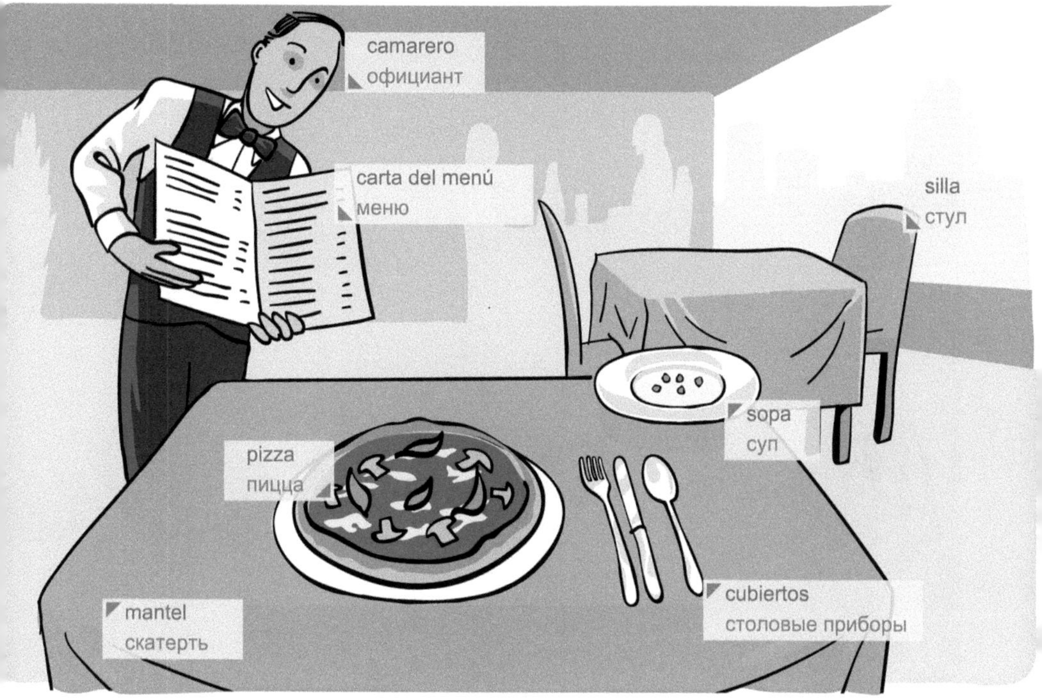
camarero
официант
carta del menú
меню
silla
стул
sopa
суп
pizza
пицца
cubiertos
столовые приборы
mantel
скатерть

entrada

закуска

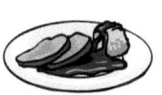

plato principal

главное блюдо

postre

десерт

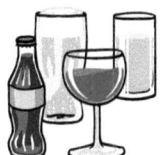

bebida

напитки

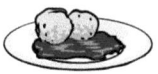

comida

еда

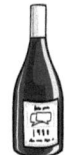

botella

бутылка

comida rápida

фастфуд

comida callejera

уличная еда

tetera

чайник

azucarera

сахарница

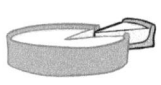

porción

порция

máquina de espresso

кофеварка

silla alta

детский стульчик

factura

счет

bandeja

поднос

cuchillo

нож

tenedor

вилка

cuchara

ложка

cuchara de té

чайная ложка

servilleta

салфетка

vaso

стакан

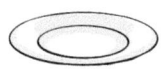

plato

тарелка

plato de sopa

суповая тарелка

platillo

блюдце

salsa

соус

salero

солонка

molinillo para pimienta

мельница для перца

vinagre

уксус

aceite

масло

especias

специи

ketchup

кетчуп

mostaza

горчица

mayonesa

майонез

supermercado

супермаркет

oferta
специальное предложение
FOR
cliente
покупатель
productos lácteos
молочные продукты
fruta
фрукты
carrito de compras
тележка для покупок

BUTCHERS

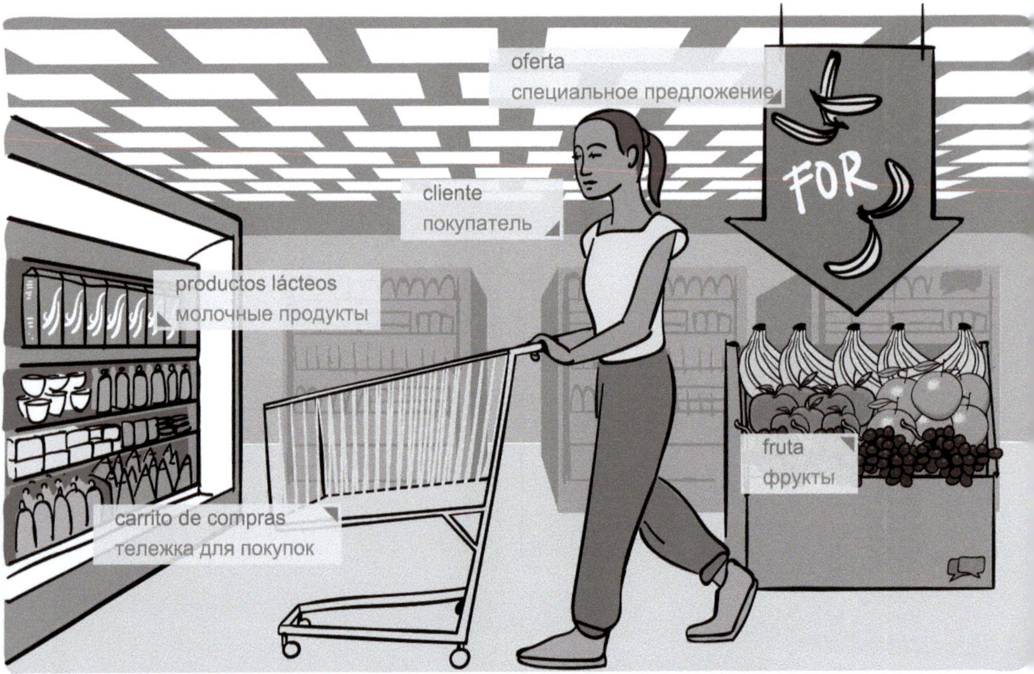

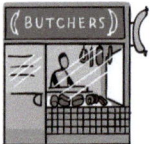

carnicería

мясной магазин

BAKERY

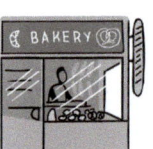

panadería

пекарня

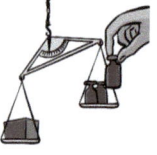

pesar

взвешивать

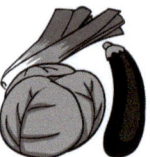

verdura

овощи

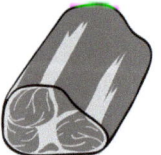

carne

мясо

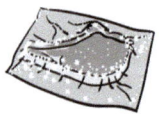

alimentos congelados

быстрозамороженные продукты

fiambre

нарезка

conservas

консервы

detergente en polvo

стиральный порошок

dulces

сладости

artículos domésticos

предмет домашнего обихода

productos de limpieza

моющее средство

vendedora

продавщица

caja

касса

cajero

кассир

lista de compras

список покупок

horario de atención

время работы

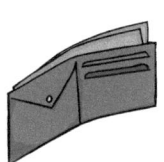

cartera

бумажник

tarjeta de crédito

кредитная карточка

maleta

сумка

bolsa plástica

полиэтиленовый пакет

supermercado - супермаркет

agua

вода

jugo

сок

leche

молоко

refresco de cola

кока-кола

vino

вино

cerveza

пиво

alcohol

алкоголь

cacao

какао

té

чай

café

кофе

espresso

эспрессо

cappuccino

капучино

banana

банан

manzana

яблоко

naranja

апельсин

sandía

арбуз

limón

лимон

zanahoria

морковь

ajo

чеснок

bambú

бамбук

cebolla

лук

seta

гриб

nueces

орехи

fideos

лапша

espagueti

спагетти

arroz

рис

ensalada

салат

patatas fritas

картофель фри

patatas salteadas

жареный картофель

pizza

пицца

hamburguesa

гамбургер

sándwich

сэндвич

escalope

шницель

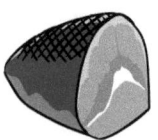

jamón

ветчина

salame

салями

embutido

колбаса

pollo

курица

asado

жаркое

pescado

рыба

copos de avena

овсяные хлопья

musli

мюсли

copos de maíz tostado

кукурузные хлопья

harina

мука

croissant

круассан

panecillo

булочка

pan

хлеб

tostada

тост

galletas

печенье

mantequilla

масло

cuajada

творог

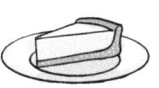

pastel

пирог

huevo

яйцо

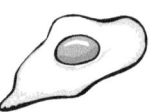

huevo frito

яичница

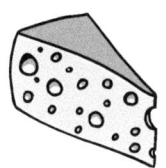

queso

сыр

helado

мороженое

azúcar

сахар

miel

мёд

mermelada

мармелад

praliné

крем с нугой

curry

карри

granja
ферма

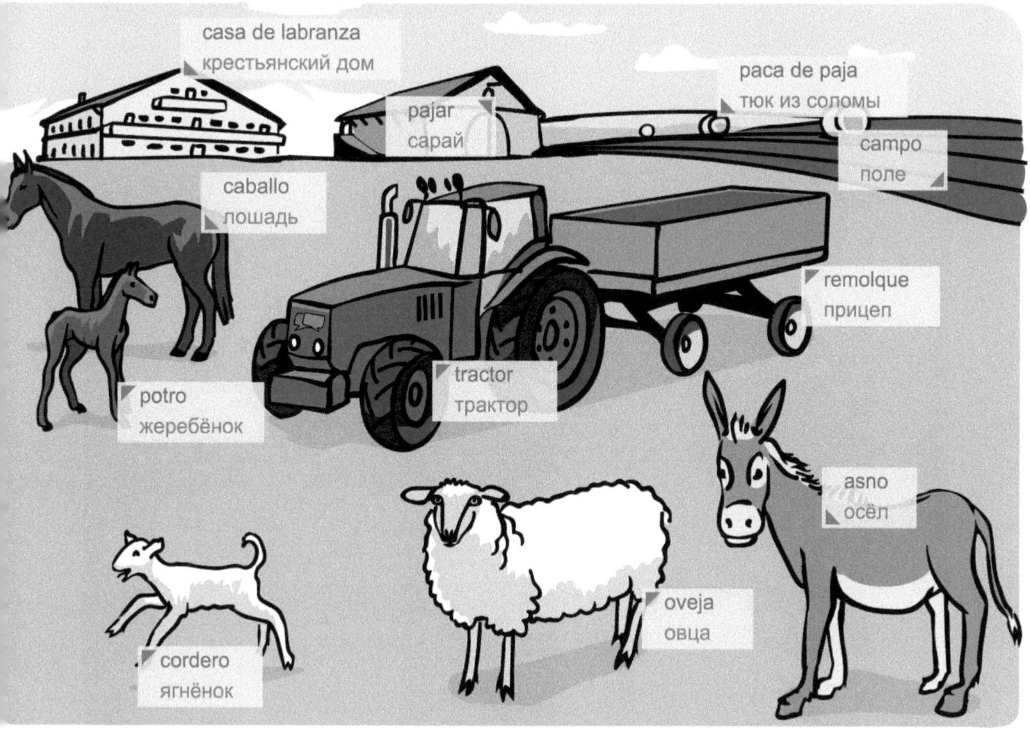
casa de labranza
крестьянский дом
paca de paja
тюк из соломы
pajar
сарай
campo
поле
caballo
пошадь
remolque
прицеп
tractor
трактор
potro
жеребёнок
asno
осёл
oveja
овца
cordero
ягнёнок

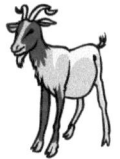

cabra
....
коза

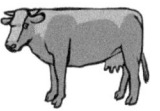

vaca
....
корова

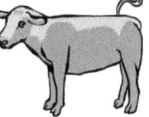

ternero
....
телёнок

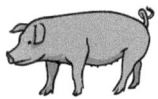

cerdo
....
свинья

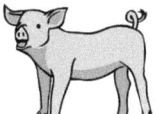

lechón
....
поросёнок

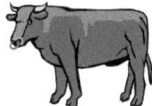

toro
....
бык

ganso

гусь

pato

утка

polluelo

цыплёнок

pollo

курица

gallo

петух

rata

крыса

gato

кошка

ratón

мышь

buey

вол

perro

собака

caseta del perro

конура

manguera de riego

садовый шланг

regadera

лейка

guadaña

коса

arado

плуг

granja - ферма

hoz

серп

azada

мотыга

bieldo

навозные вилы

hacha

топор

carretilla

тачка

abrevadero

корыто

lechera

бидон для молока

saco

мешок

cerca

забор

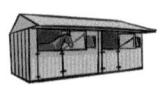

establo

хлев

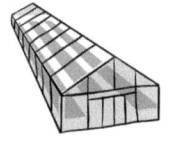

invernadero

теплица

suelo

почва

semilla

посев

fertilizante

удобрение

cosechadora

комбайн

cosechar

собирать урожай

cosecha

урожай

raíz de ñame

ямс

trigo

пшеница

soja

соя

patata

картофель

maíz

кукуруза

colza

рапс

Árbol frutal

фруктовое дерево

mandioca

маниок

cereales

злаки

casa

дом

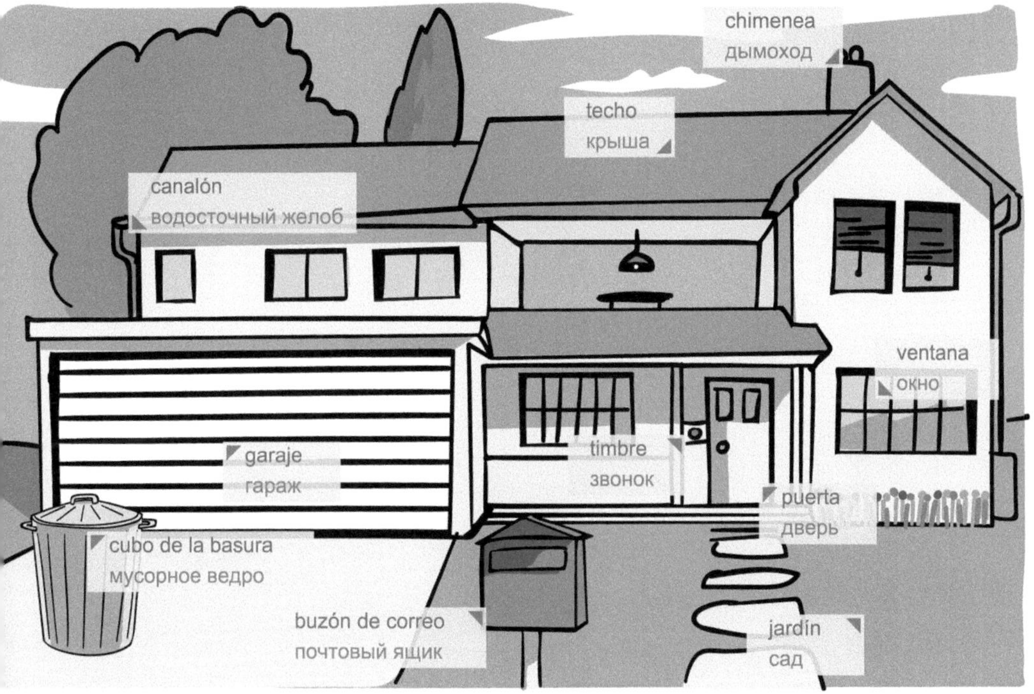
chimenea
дымоход
techo
крыша
canalón
водосточный желоб
ventana
окно
garaje
гараж
timbre
звонок
puerta
дверь
cubo de la basura
мусорное ведро
buzón de correo
почтовый ящик
jardín
сад

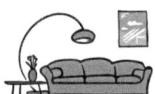

cuarto de estar

гостиная

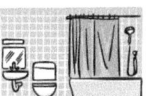

cuarto de baño

ванная комната

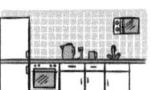

cocina

кухня

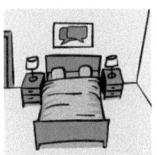

dormitorio

спальня

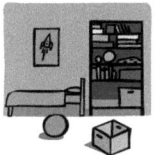

cuarto de los niños

детская комната

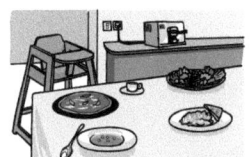

comedor

столовая

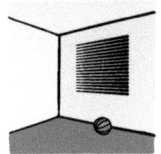

piso

пол

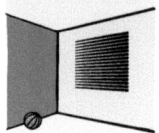

pared

стена

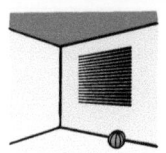

cielorraso

потолок

sótano

подвал

sauna

сауна

balcón

балкон

terraza

терраса

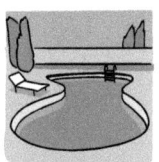

piscina

бассейн

cortacésped

газонокосилка

funda nórdica

пододеяльник

edredón

покрывало

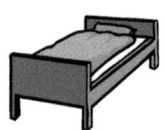

cama

кровать

escoba

метла

cubo

ведро

interruptor

выключатель

cuarto de estar

гостиная

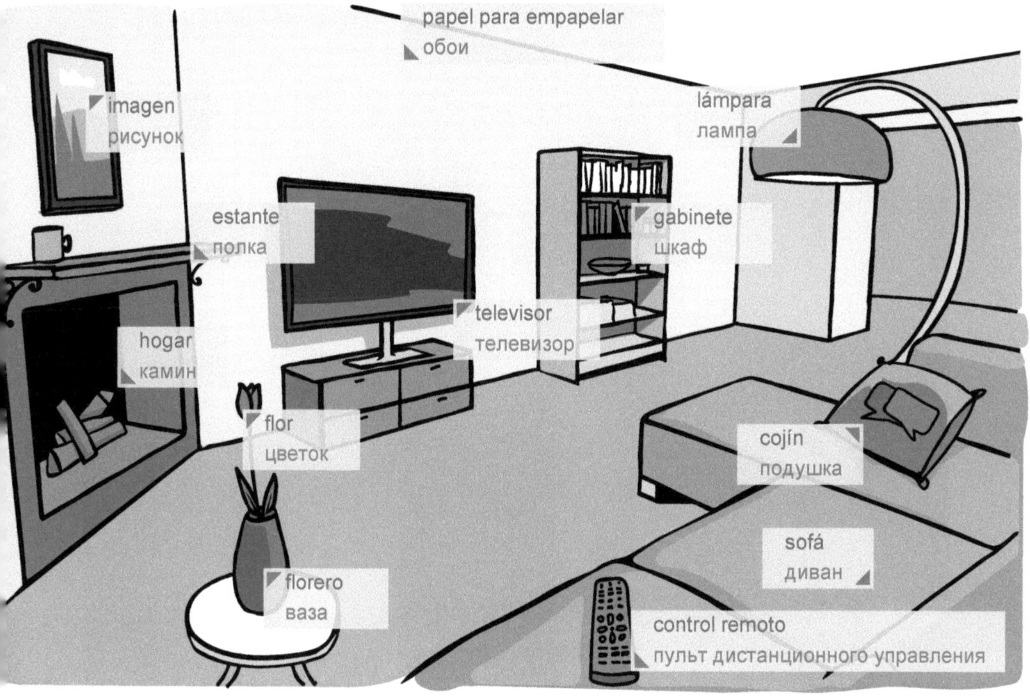

papel para empapelar
обои
imagen
рисунок
lámpara
лампа
estante
полка
gabinete
шкаф
televisor
телевизор
hogar
камин
flor
цветок
cojín
подушка
sofá
диван
florero
ваза
control remoto
пульт дистанционного управления

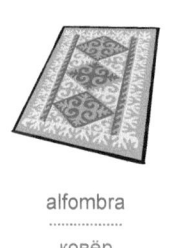

alfombra

ковёр

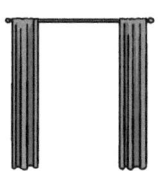

cortina

штора

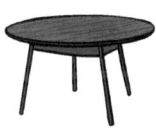

mesa

стол

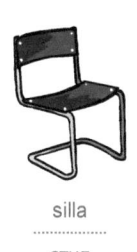

silla

стул

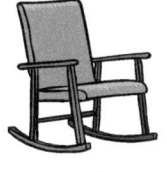

mecedora

кресло-качалка

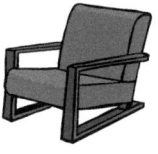

sillón

кресло

libro

книга

frazada

покрывало

decoración

украшение

leña

дрова

film

фильм

equipo estereofónico

стереосистема

llave

ключ

periódico

газета

cuadro

картина

póster

плакат

radio

радио

bloc de notas

блокнот

aspiradora

пылесос

cactus

кактус

vela

свеча

cocina

кухня

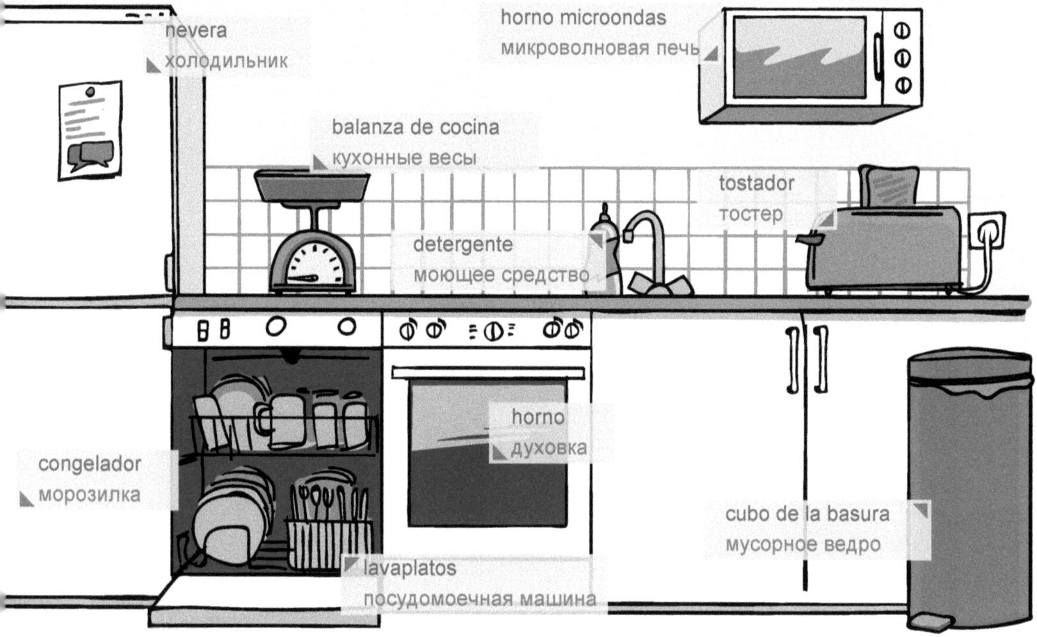
nevera
холодильник
horno microondas
микроволновая печь
balanza de cocina
кухонные весы
tostador
тостер
detergente
моющее средство
horno
духовка
congelador
морозилка
cubo de la basura
мусорное ведро
lavaplatos
посудомоечная машина

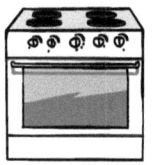

cocina
....
плита

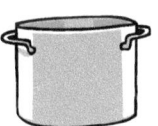

olla
....
кастрюля

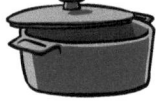

olla de fundición de hierro
....
чугунный котелок

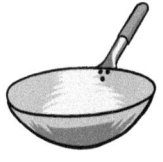

wok / kadai
....
вок / кадай

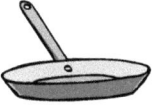

sartén
....
сковорода

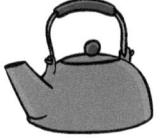

hervidor de agua
....
чайник

olla de vapor

пароварка

bandeja de horno

противень

vajilla

посуда

vaso

кружка

bol

миска

palillos para comer

палочки для еды

cucharón de sopa

половник

espátula

лопатка

batidor

сбивалка

colador

сито

cedazo

сито

rallador

тёрка

mortero

ступка

parrillada

гриль

fogata

костёр

tabla de picar

доска

rodillo

скалка

sacacorchos

штопор

lata

жестяная банка

abrelatas

консервный нож

agarrador

прихватка

fregadero

раковина

cepillo

щетка

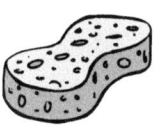

esponja

губка

batidora

миксер

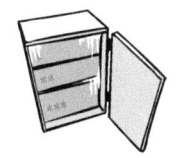

arcón congelador

морозильная камера

biberón

бутылочка для кормления

grifo

кран

cuarto de baño

ванная комната

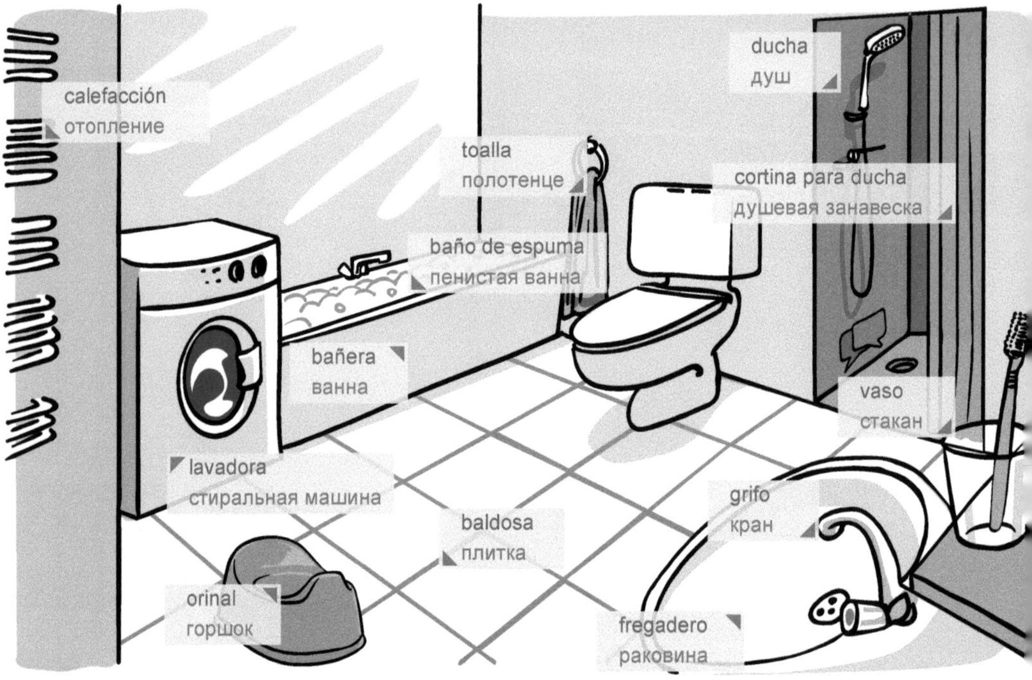

calefacción
отопление
ducha
душ
toalla
полотенце
cortina para ducha
душевая занавеска
baño de espuma
пенистая ванна
bañera
ванна
vaso
стакан
lavadora
стиральная машина
grifo
кран
baldosa
плитка
orinal
горшок
fregadero
раковина

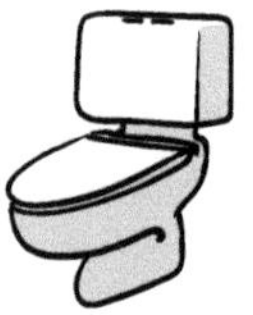

cuarto de baño

туалет

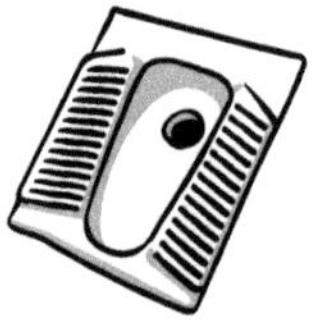

placa turca

напольный унитаз

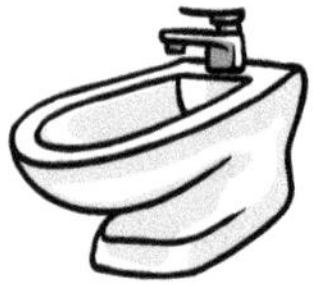

bidé

биде

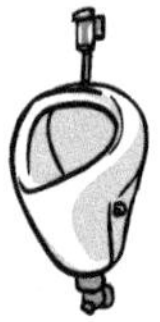

urinario

писсуар

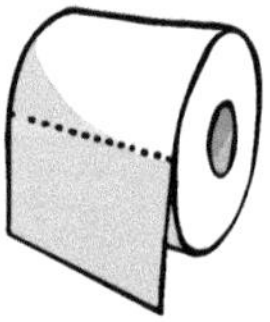

papel higiénico

туалетная бумага

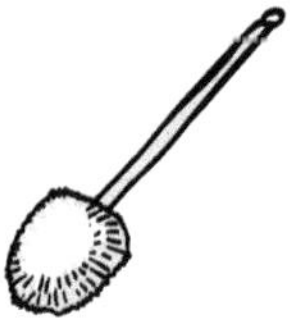

escobilla para el cuarto de baño

ершик

cepillo de dientes

зубная щетка

pasta dentífrica

зубная паста

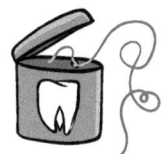

seda dental

зубная нить

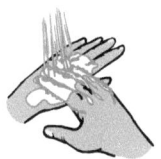

lavar

мыть

ducha teléfono

ручной душ

ducha higiénica

интимный душ

cuenco

таз

cepillo para la espalda

щетка для спины

jabón

мыло

gel de ducha

гель для душа

champú

шампунь

manopla para baño

мочалка

desagüe

сток

crema

крем

desodorante

дезодорант

espejo

зеркало

espejo de maquillaje

ручное зеркало

máquina de afeitar

бритва

espuma de afeitar

пена для бритья

loción para después del afeitado

лосьон после бритья

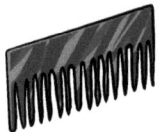

peine

расческа

cepillo

щетка

secador para cabello

фен

laca de peinado

лак для волос

maquillaje

косметика

lápiz labial

губная помада

laca para uñas

лак для ногтей

algodón

вата

tijera para uñas

маникюрные ножницы

perfume

духи

neceser

косметичка

taburete

табуретка

balanza

весы

bata de baño

халат

guantes de goma

резиновые перчатки

tampón

тампон

compresa

гигиеническая прокладка

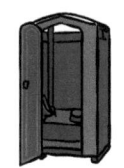

wáter químico

биотуалет

cuarto de los niños

детская комната

despertador
будильник
animal de peluche
мягкая игрушка
auto de juguete
игрушечный автомобиль
sonajero
погремушка
casa de muñecas
кукольный домик
obsequio
подарок

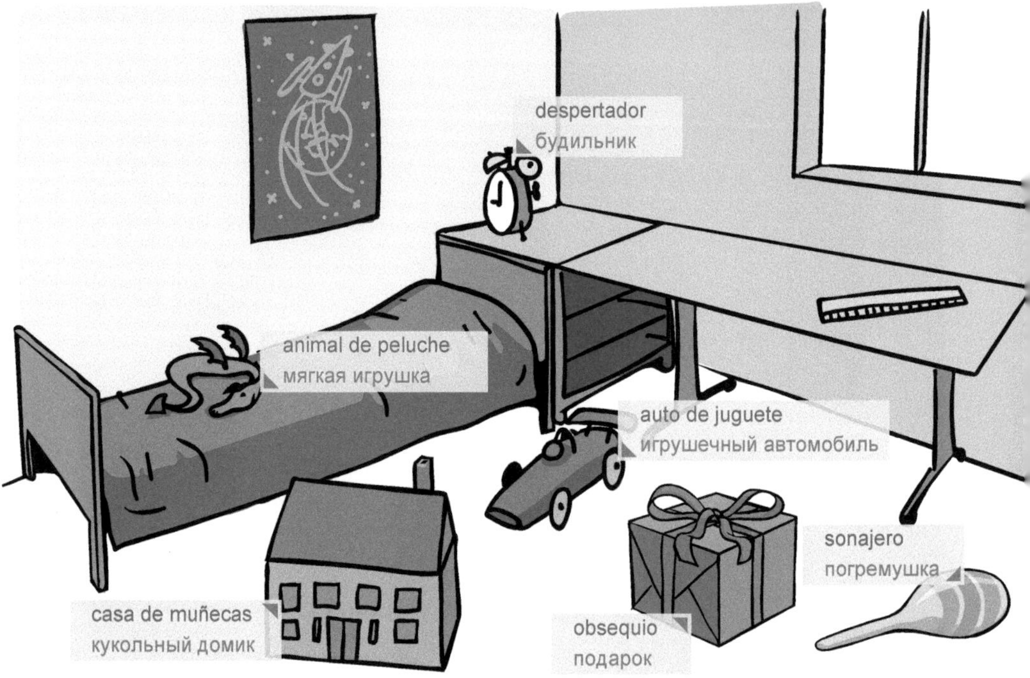

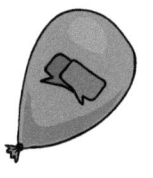

globo

воздушный шар

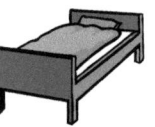

cama

кровать

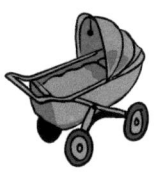

cochecito para niños

детская коляска

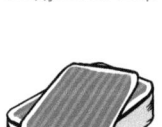

juego de barajas

карточная игра

rompecabezas

пазл

SUPER
AMEGA

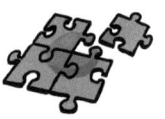

cómic

комикс

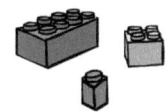

piezas de Lego

кирпичики Лего

bloques para jugar

кубики

figura de acción

игрушечная фигурка

pijama de una pieza

ползунки

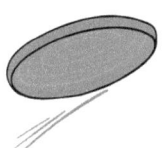

frisbee

фрисби

móvil

мобиле

juego de mesa

настольная игра

dado

кубик

tren eléctrico a escala

модель железной дороги

chupete

соска

fiesta

вечеринка

libro de dibujos

книга с картинками

pelota

мяч

títere

кукла

jugar

играть

arenero

песочница

columpio

качели

juguetes

игрушка

consola de videojuego

игровая приставка

triciclo

трёхколесный велосипед

osito de peluche

плюшевый медвежонок

guardarropa

шкаф для одежды

vestimenta

одежда

calcetines

носки

medias

чулки

panti

колготки

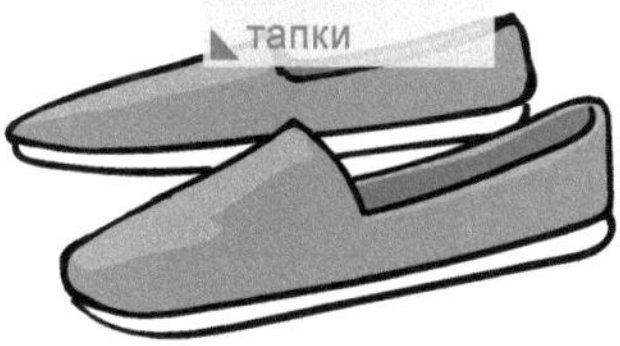

chal
шарф

paraguas
зонтик

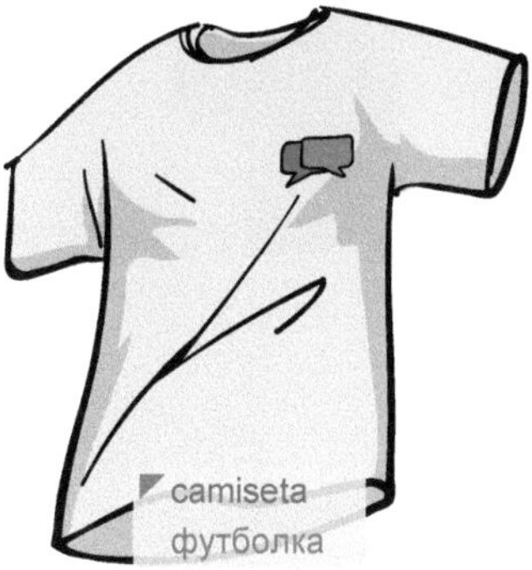

camiseta
футболка

cinturón
ремень

botas
сапоги

zapatilla
тапки

deportivas
кроссовки

sandalias
....
сандалии

zapatos
....
ботинки

botas de goma
....
резиновые сапоги

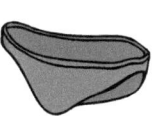

ropa interior
....
трусы

corpiño
....
бюстгальтер

camiseta
....
майка

body

боди

pantalón

брюки

jeans

джинсы

falda

юбка

blusa

блузка

camisa

рубашка

pullover

свитер

sweater

свитер

blazer

спортивная куртка

chaqueta

жакет

abrigo

пальто

impermeable

плащ

traje chaqueta

костюм

vestido

платье

vestido de bodas

свадебное платье

traje

мужской костюм

camisón

ночная сорочка

pijama

пижама

sari

сари

pañuelo de cabeza

платок

turbante

тюрбан

burka

паранджа

caftán

кафтан

abaya

абайя

traje de baño

купальник

bañador

плавки

shorts

шорты

chándal

спортивный костюм

delantal

фартук

guante

перчатки

botón

пуговица

gafa

очки

brazalete

браслет

cadena

цепочка

anillo

кольцо

aro

серьга

gorra

шапка

percha

вешалка

sombrero

шляпа

corbata

галстук

cierre a cremallera

застежка молния

casco

шлем

tiradores

подтяжки

uniforme escolar

школьная форма

uniforme

форма

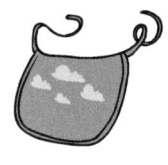

babero

детский нагрудник

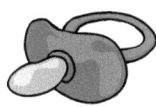

chupete

соска

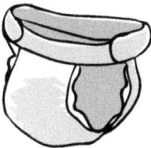

pañal

подгузник

oficina

офис

servidor
сервер
archivador
канцелярский шкаф
impresora
принтер
papel
бумага
monitor
монитор
ratón
мышь
escritorio
письменный стол
carpeta
папка
teclado
клавиатура
cesto de papeles
корзина для бумаг
ordenador
компьютер
silla
стул

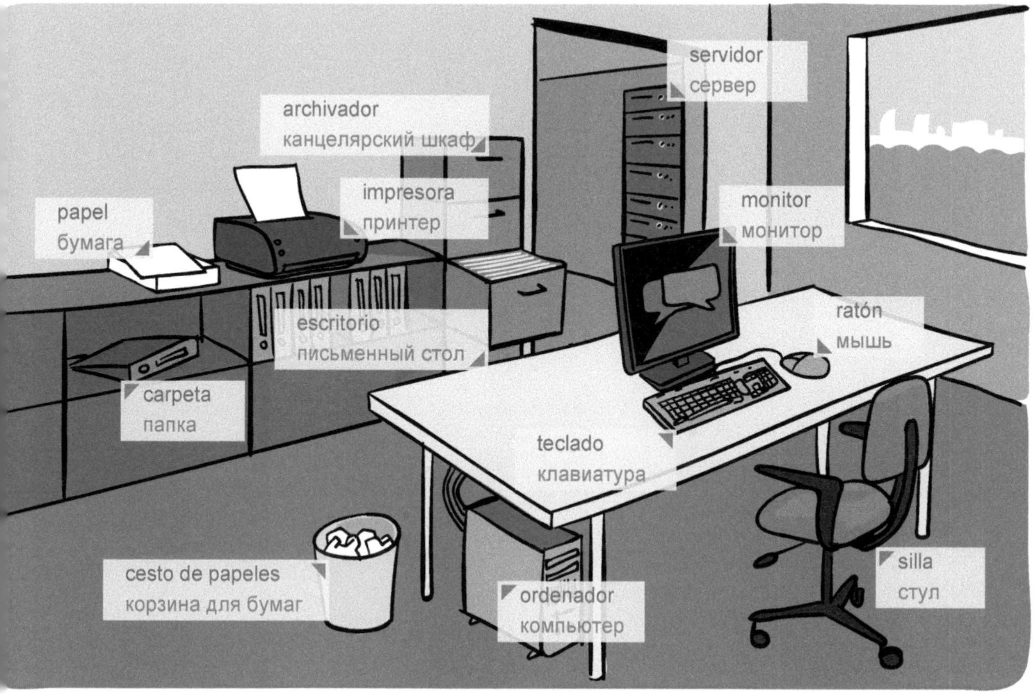

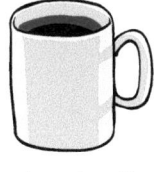

taza de café

кофейная кружка

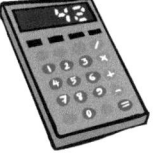

calculadora

калькулятор

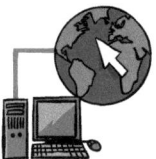

internet

интернет

laptop

ноутбук

carta

письмо

mensaje

сообщение

teléfono móvil

мобильный телефон

red

сеть

fotocopiadora

ксерокс

software

программа

teléfono

телефон

tomacorriente

розетка

máquina de fax

факс

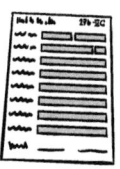

formulario

формуляр

documento

документ

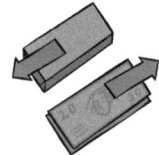

comprar

покупать

pagar

платить

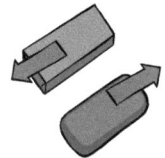

comerciar

торговать

dinero

деньги

dólar

доллар

euro

евро

yen

иена

rublo

рубль

franco

франк

renminbi

жэньминьби юань

rupia

рупия

cajero automático

банкомат

casa de cambio

пункт обмена валюты

oro

золото

plata

серебро

petróleo

нефть

energía

энергия

precio

цена

contrato

договор

impuesto

налог

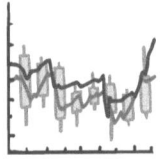

acción

акция

trabajar

работать

empleado

служащий

empleador

работодатель

fábrica

фабрика

negocio

магазин

ocupaciones
профессии

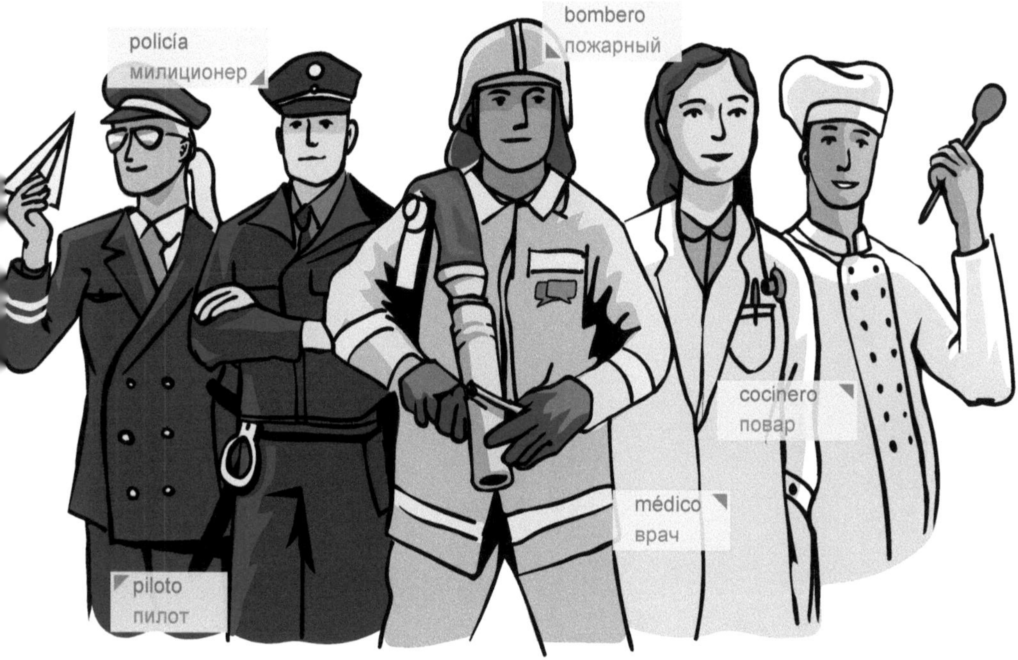
bombero
пожарный
policía
милиционер
cocinero
повар
médico
врач
piloto
пилот

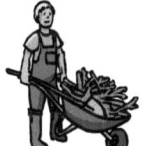

jardinero
садовник

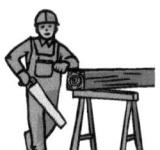

carpintero
столяр

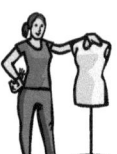

costurera
швея

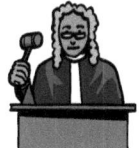

juez
судья

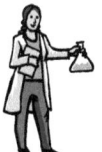

químico
химик

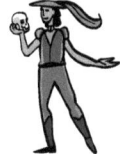

actor
актёр

conductor de autobús

водитель автобуса

taxista

таксист

pescador

рыбак

mujer de la limpieza

уборщица

techista

кровельщик

camarero

официант

cazador

охотник

pintor

художник

panadero

пекарь

electricista

электрик

albañil

строитель

ingeniero

инженер

carnicero

мясник

fontanero

сантехник

cartero

почтальон

ocupaciones - профессии

soldado

солдат

arquitecto

архитектор

cajero

кассир

florista

флорист

peluquero

парикмахер

cobrador

кондуктор

mecánico

механик

capitán

капитан

odontólogo

зубной врач

científico

ученый

rabino

раввин

imam

имам

monje

монах

párroco

священник

herramientas
инструменты

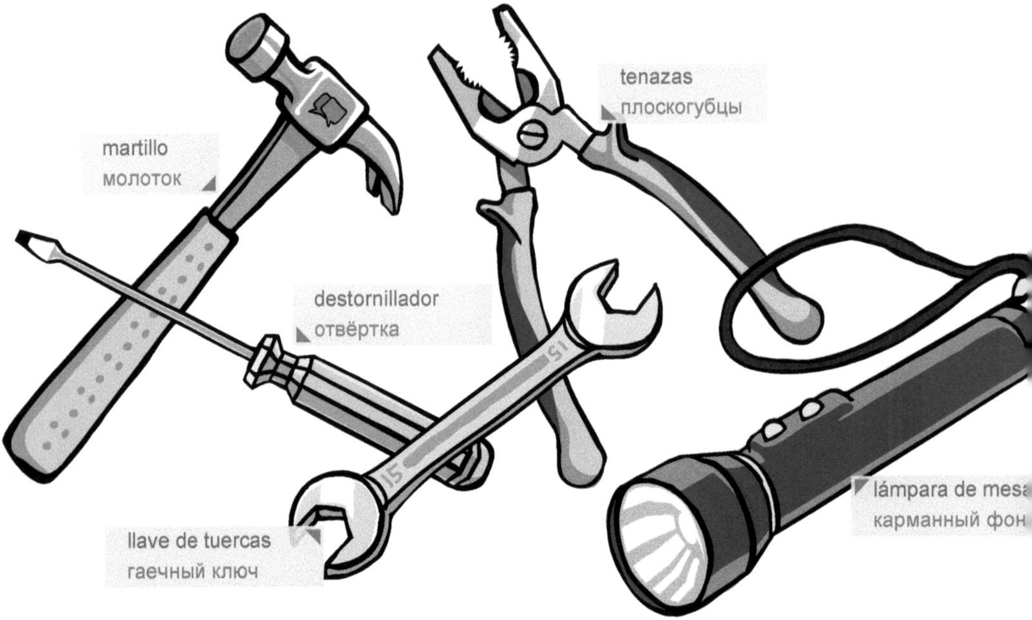

martillo
молоток
tenazas
плоскогубцы
destornillador
отвёртка
lámpara de mes
карманный фон
llave de tuercas
гаечный ключ

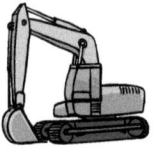

excavadora

экскаватор

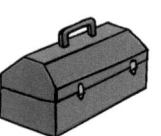

caja de herramientas

ящик для инструментов

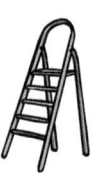

escalerilla

стремянка

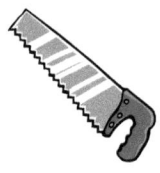

serrucho

пила

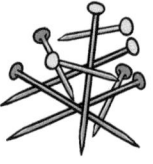

clavos

гвозди

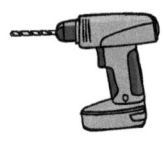

taladro

дрель

reparar

ремонтировать

pala

лопата

¡Maldición!

Блин!

recogedor

совок

lata de pintura

ведро с краской

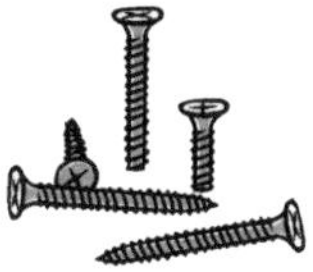

tornillos

винты

instrumentos musicales

музыкальные инструменты

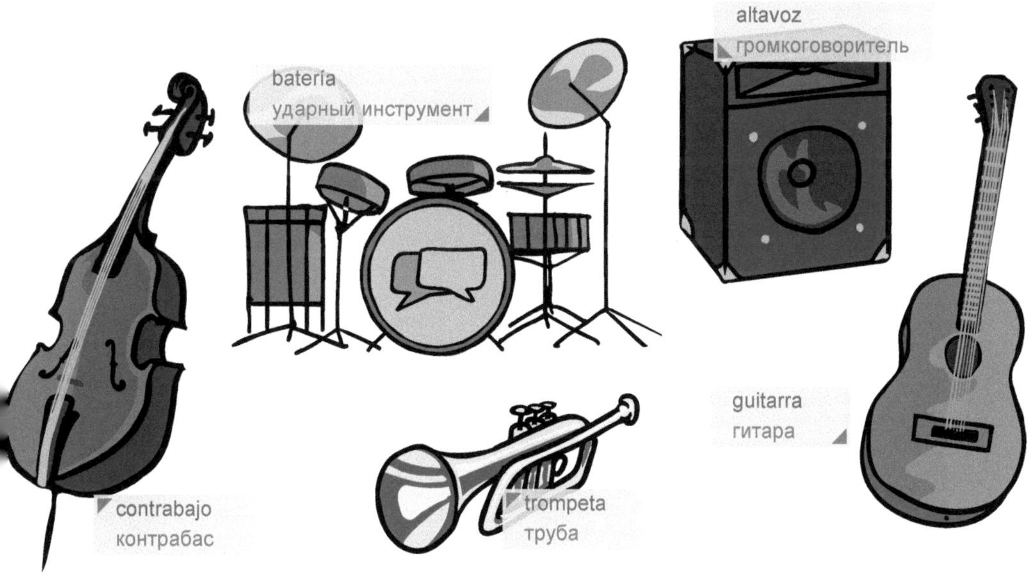

altavoz
громкоговоритель

batería
ударный инструмент

contrabajo
контрабас

trompeta
труба

guitarra
гитара

piano

пианино

violín

скрипка

bajo

бас-гитара

timbales

литавры

tambor

барабан

teclado

синтезатор

saxofón

саксофон

flauta

флейта

micrófono

микрофон

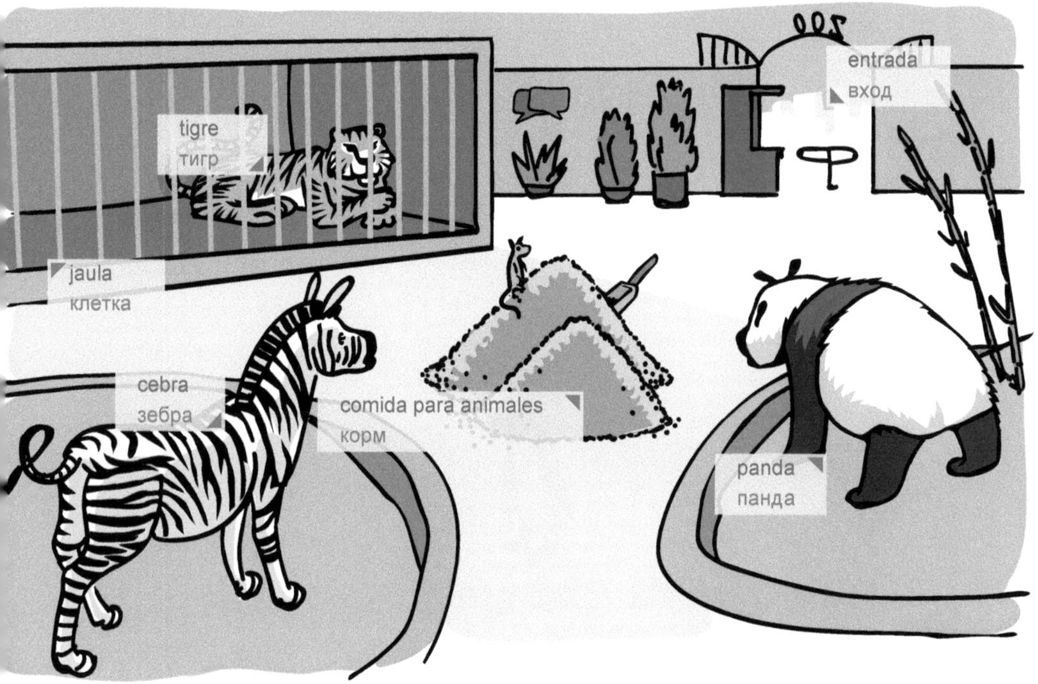

tigre
тигр

entrada
вход

jaula
клетка

cebra
зебра

comida para animales
корм

panda
панда

animales

животные

elefante

слон

canguro

кенгуру

rinoceronte

носорог

gorila

горилла

oso

медведь

camello

верблюд

avestruz

страус

león

лев

mono

обезьяна

flamengo

фламинго

papagayo

попугай

oso polar

белый медведь

pingüino

пингвин

tiburón

акула

pavo real

павлин

serpiente

змея

cocodrilo

крокодил

cuidador del zoológico

служитель зоопарка

foca

тюлень

jaguar

ягуар

pony

пони

leopardo

леопард

hipopótamo

бегемот

jirafa

жираф

águila

орёл

jabalí

кабан

pescado

рыба

tortuga

черепаха

morsa

морж

zorro

лиса

gacela

газель

fútbol americano
американский футбол

ciclismo
езда на велосипеде

tenis
теннис

baloncesto
баскетбол

natación
плавание

boxeo
бокс

hockey sobre hielo
хоккей

fútbol
футбол

badminton
бадминтон

atletismo
лёгкая атлетика

balonmano
гандбол

esquí
лыжный спорт

polo
поло

actividades
действия

reír
смеяться
saltar
прыгать
abrazar
обнимать
caminar
идти
cantar
петь
soñar
мечтать
rezar
молиться
besar
целовать

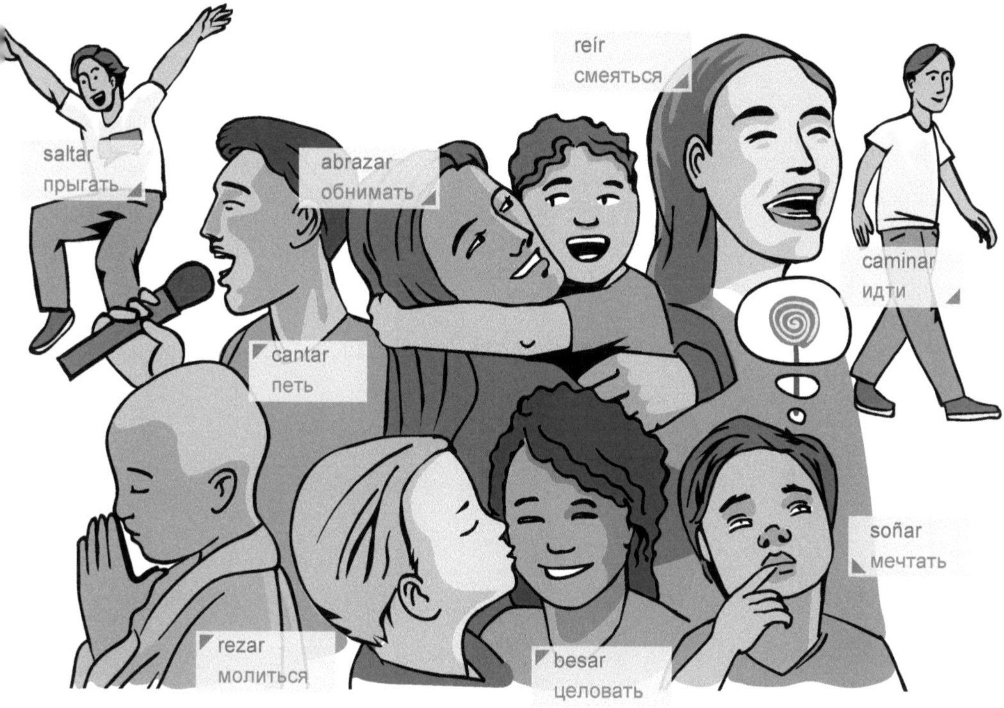

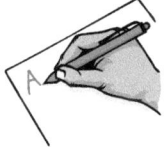

escribir
писать

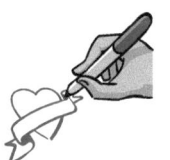

dibujar
рисовать

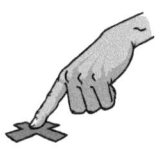

mostrar
показывать

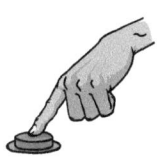

presionar
нажимать

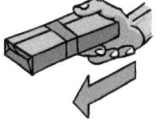

dar
давать

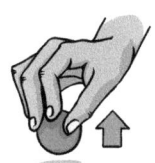

tomar
брать

tener

иметь

hacer

делать

ser

быть

estar de pie

стоять

correr

бежать

tirar

тянуть

arrojar

бросать

caer

падать

estar acostado

лежать

esperar

ждать

llevar

носить

estar sentado

сидеть

vestirse

надевать

dormir

спать

despertar

просыпаться

actividades - действия

mirar

рассматривать

llorar

плакать

acariciar

гладить

peinarse

причесывать

conversar

говорить

entender

понимать

preguntar

спрашивать

oír

слушать

beber

пить

comer

кушать

asear

наводить порядок

amar

любить

cocinar

готовить

conducir

ехать

volar

летать

navegar

ходить под парусом

calcular

считать

leer

читать

aprender

учиться

trabajar

работать

casarse

вступать в брак

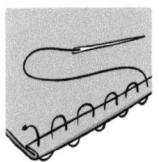

coser

шить

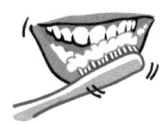

limpiarse los dientes

чистить зубы

matar

убивать

fumar

курить

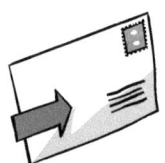

enviar

отправлять

abuela
бабушка

abuelo
дедушка

padre
папа

madre
мама

bebé
младенец

hija
дочь

hijo
сын

invitado

гость

tía

тетя

tío

дядя

hermano

брат

hermana

сестра

cuerpo

тело

frente
лоб
ojo
глаз
hombro
плечо
dedo
палец
cara
лицо
barbilla
подбородок
mano
кисть
pierna
нога
pecho
грудь
brazo
рука

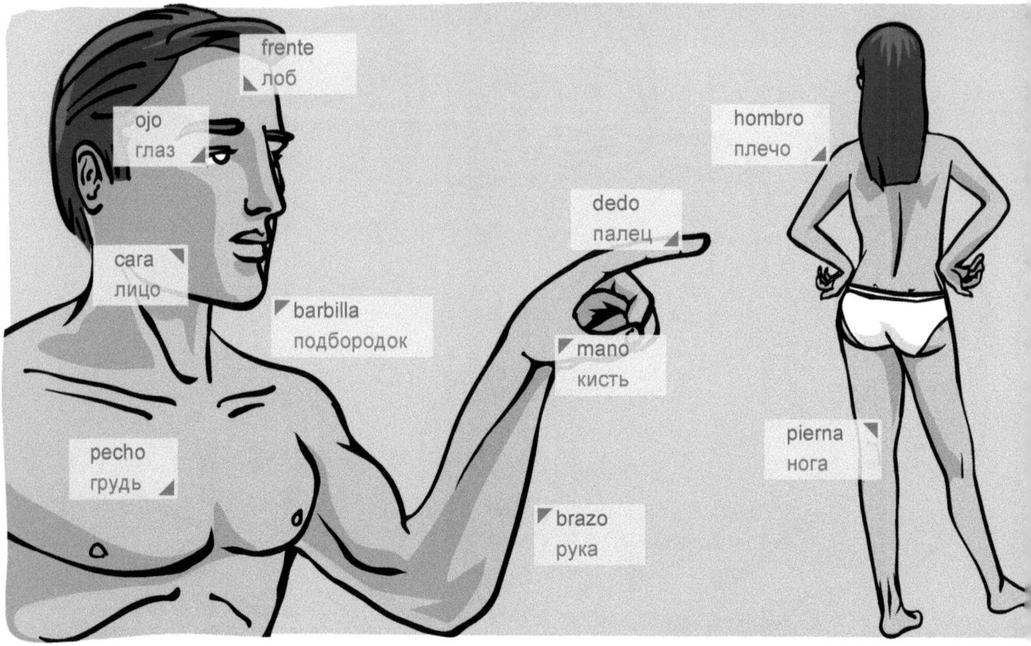

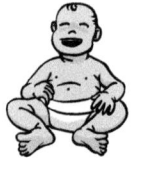

bebé

младенец

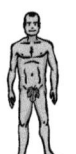

hombre

мужчина

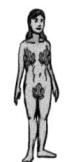

mujer

женщина

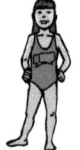

muchacha

девочка

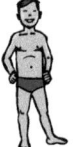

joven

мальчик

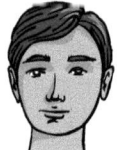

cabeza

голова

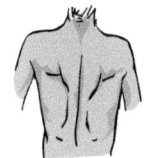

espalda

спина

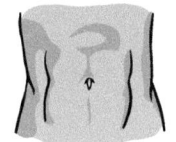

vientre

живот

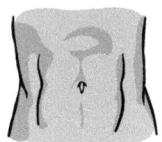

ombligo

пупок

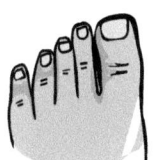

dedo del pie

палец ноги

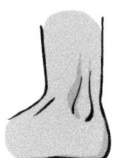

talón

пятка

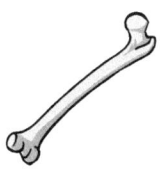

hueso

кость

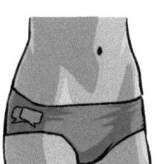

cadera

бедро

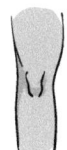

rodilla

колено

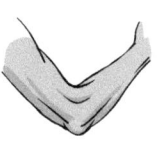

codo

локоть

nariz

нос

trasero

ягодицы

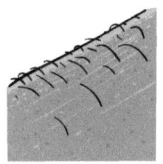

piel

кожа

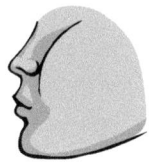

mejilla

щека

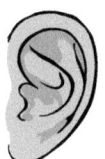

oreja

ухо

labio

губа

cuerpo - тело

boca

рот

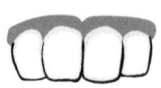

diente

зуб

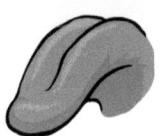

lengua

язык

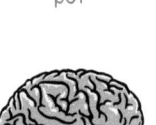

cerebro

мозг

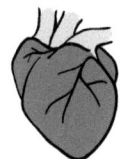

corazón

сердце

músculo

мышца

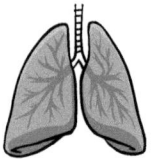

pulmón

лёгкое

hígado

печень

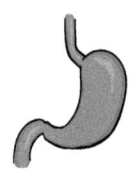

estómago

желудок

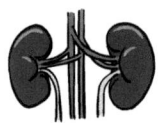

riñones

почки

relación sexual

половой акт

condón

презерватив

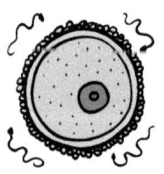

Óvulo

яйцеклетка

esperma

сперма

embarazo

беременность

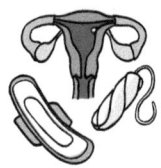

menstruación

менструация

vagina

вагина

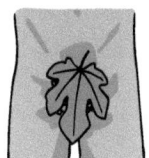

pene

пенис

ceja

бровь

cabello

волосы

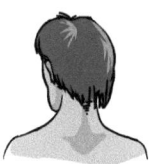

cuello

шея

hospital

больница

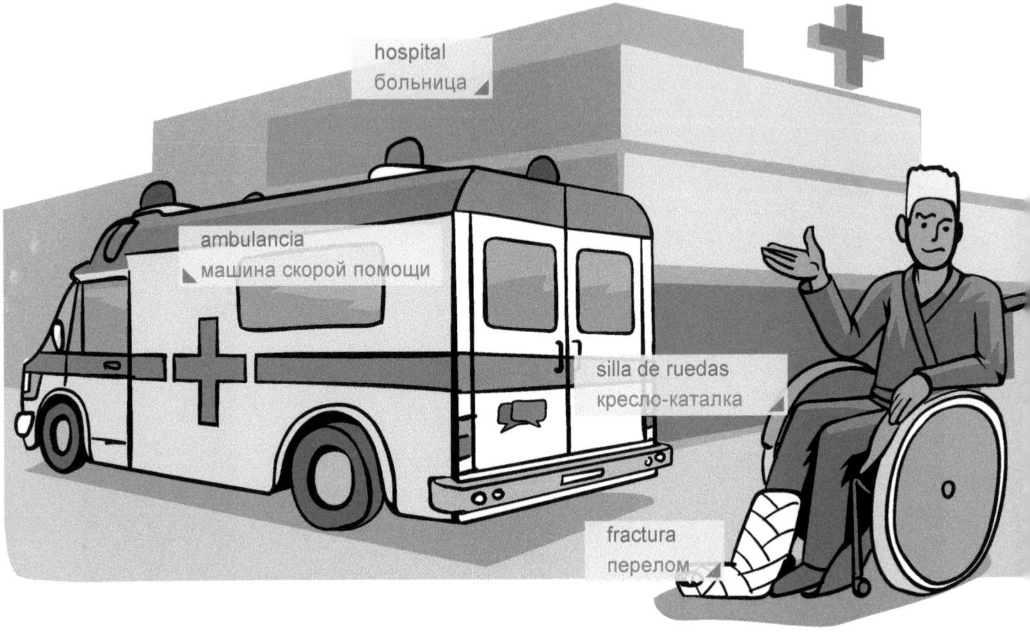

hospital
больница
ambulancia
машина скорой помощи
silla de ruedas
кресло-каталка
fractura
перелом

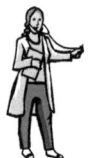

médico

врач

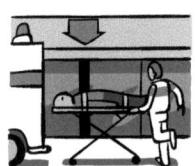

admisión de urgencia

пункт первой помощи

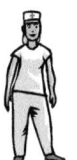

enfermera

медсестра

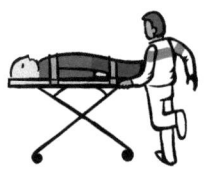

emergencia

неотложный случай

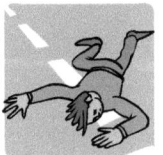

inconsciente

без сознания

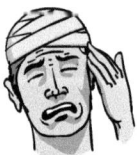

dolor

боль

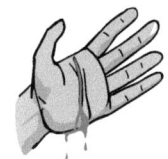

lesión

повреждение

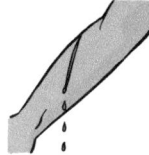

hemorragia

кровотечение

infarto de miocardio

инфаркт

apoplejía cerebral

инсульт

alergia

аллергия

tos

кашель

fiebre

повышенная температура

gripe

грипп

diarrea

понос

dolor de cabeza

головная боль

cáncer

рак

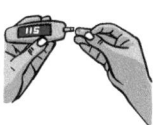

diabetes

диабет

cirujano

хирург

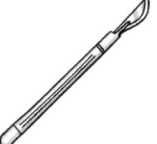

escalpelo

скальпель

operación

операция

TC
КТ

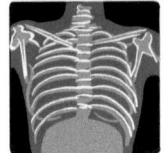

rayos X
рентген

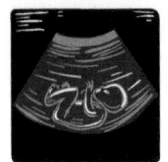

ultrasonido
ультразвук

máscara
маска

enfermedad
болезнь

sala de espera
приёмная

muleta
костыль

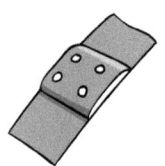

emplasto
пластырь

vendaje
бинт

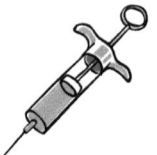

inyección
укол

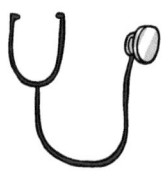

estetoscopio
стетоскоп

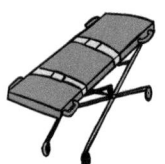

camilla
носилки

termómetro
термометр

nacimiento
рождение

sobrepeso
избыточный вес

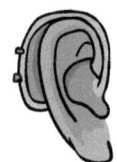

audífono

слуховой аппарат

desinfectante

дезинфекционное
средство

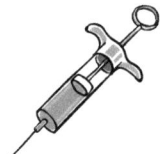

virus

вирус

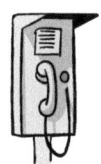

vacunación

прививка

infección

инфекция

VIH / SIDA

ВИЧ / СПИД

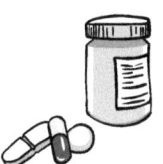

comprimido

таблетки

llamada de emergencia

экстренный вызов

medicina

лекарство

píldora anticonceptiva

противозачаточная
таблетка

medidor de presión arterial

прибор для измерения
кровяного давления

enfermo / saludable

больной / здоровый

¡Ayuda!

Помогите!

alarma

сигнал тревоги

asalto

нападение

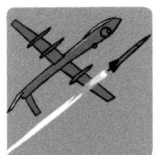

ataque

атака

peligro

опасность

salida de emergencia

запасной выход

¡Fuego!

Пожар!

extintor

огнетушитель

accidente

несчастный случай

kit de primeros auxilios

аптечка

SOS

SOS

Policía

милиция

Europa

Европа

América del Norte

Северная Америка

América del Sur

Южная Америка

África

Африка

Asia

Азия

Australia

Австралия

Atlántico

Атлантический океан

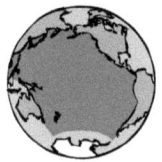

Pacífico

Тихий океан

Océano Índico

Индийский океан

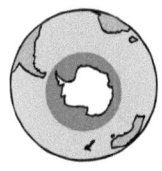

Océano Antártico

Антарктический океан

Océano Ártico

Северный Ледовитый океан

Polo Norte

Северный полюс

Polo Sur

Южный полюс

Antártida

Антарктика

Tierra

земля

país

суша

mar

море

isla

остров

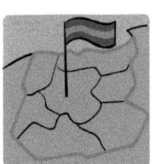

nación

нация

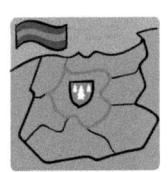

Estado

государство

Tierra - земля

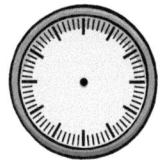

cuadrante

циферблат

horario

часовая стрелка

minutero

минутная стрелка

segundero

секундная стрелка

¿Qué hora es?

Который час?

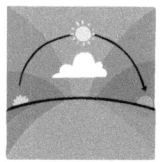

día

день

tiempo

время

ahora

сейчас

reloj digital

электронные часы

minuto

минута

hora

час

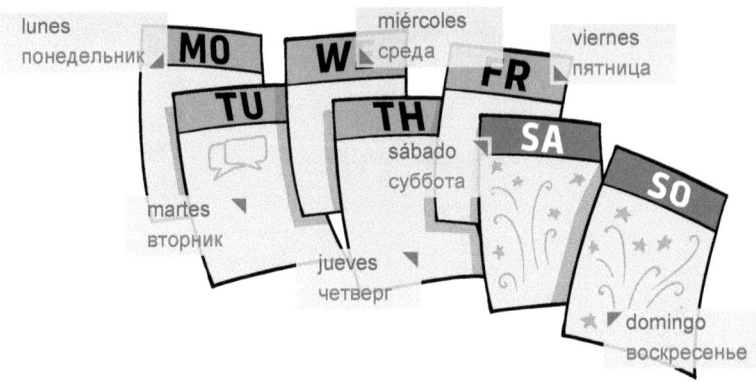

lunes
понедельник

MO

miércoles
среда

W

viernes
пятница

FR

TU

TH

SA

SO

martes
вторник

sábado
суббота

jueves
четверг

domingo
воскресенье

ayer

вчера

hoy

сегодня

mañana

завтра

mañana

утро

mediodía

полдень

tarde

вечер

jornada de trabajo

рабочие дни

fin de semana

выходные

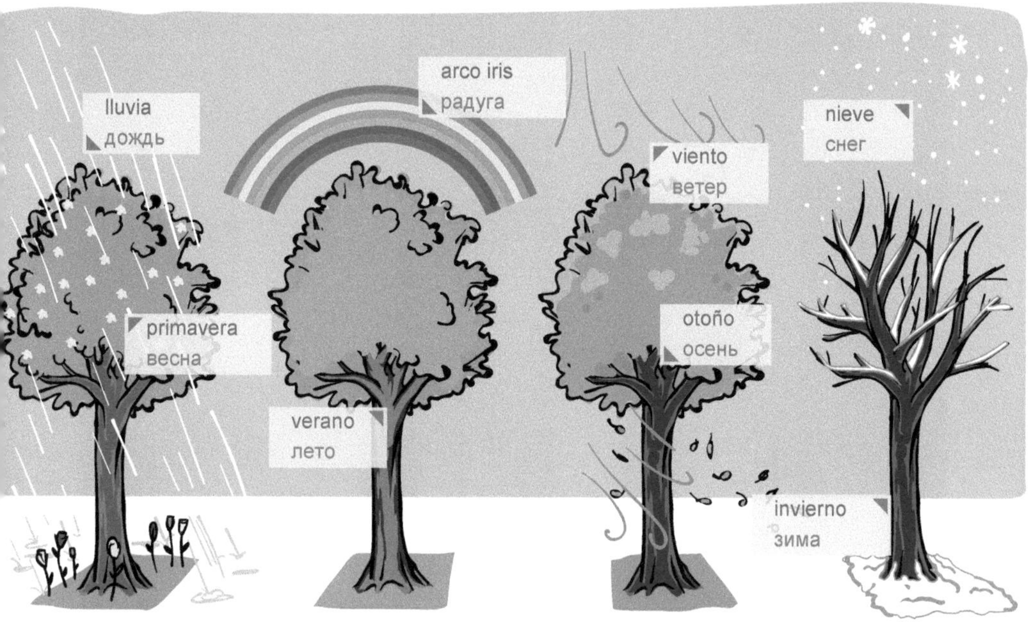

lluvia
дождь
arco iris
радуга
viento
ветер
nieve
снег
primavera
весна
verano
лето
otoño
осень
invierno
зима

4.APRIL 11°
5.APRIL 4°
6.APRIL 13°
7.APRIL 8°
8.APRIL 10°

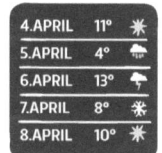

pronóstico meteorológico

прогноз погоды

F C
120 90 60 30 0 -30
40 30 20 10 0 -10 -20

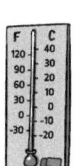

termómetro

термометр

luz solar

солнечный свет

nube

туча

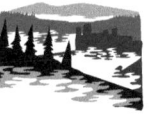

niebla

туман

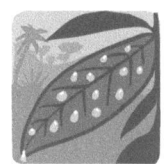

humedad ambiente

влажность воздуха

relámpago

молния

trueno

гром

tormenta

буря

granizo

град

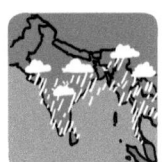

monzón

муссон

inundación

наводнение

hielo

лёд

enero

январь

febrero

февраль

marzo

март

abril

апрель

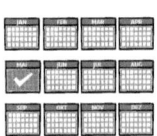

mayo

май

junio

июнь

julio

июль

agosto

август

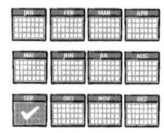

septiembre

сентябрь

octubre

октябрь

noviembre

ноябрь

diciembre

декабрь

círculo

круг

cuadrado

квадрат

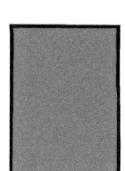

rectángulo

прямоугольник

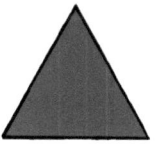

triángulo

треугольник

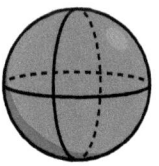

esfera

шар

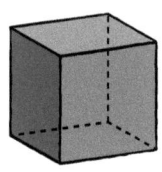

cubo

куб

blanco
....
белый

amarillo
....
желтый

anaranjado
....
оранжевый

rosa
....
розовый

rojo
....
красный

lila
....
лиловый

azul
....
синий

verde
....
зелёный

marrón
....
коричневый

gris
....
серый

negro
....
черный

mucho / poco

много / мало

enojado / calmado

яростный / мирный

bonito / feo

красивый / уродливый

comienzo / fin

начало / конец

grande / pequeño

большой / маленький

claro / oscuro

светлый / темный

hermano / hermana

брат / сестра

limpio / sucio

чистый / грязный

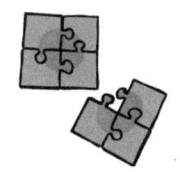

completo / incompleto

полный / неполный

día / noche

день / ночь

muerto / vivo

мёртвый / живой

ancho / angosto

широкий / узкий

disfrutable / no disfrutable

съедобный / несъедобный

malo / amigable

злой / дружелюбный

excitado / aburrido

взволнованный / скучающий

gordo / delgado

толстый / худой

primero / último

сначала / в конце

amigo / enemigo

друг / враг

lleno / vacío

полный / пустой

duro / suave

твёрдый / мягкий

pesado / liviano

тяжёлый / легкий

hambre / sed

голод / жажда

enfermo / saludable

больной / здоровый

ilegal / legal

незаконный / законный

inteligente / tonto

умный / глупый

izquierda / derecha

слева / справа

cercano / lejano

близко / далеко

nuevo / usado

новый / подержанный

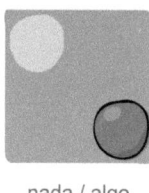

nada / algo

ничто / нечто

viejo / joven

старый / молодой

encendido / apagado

включено / выключено

abierto / cerrado

открыто / закрыто

bajo / fuerte

тихо / громко

rico / pobre

богатый / бедный

correcto / incorrecto

правильный /
неправильный

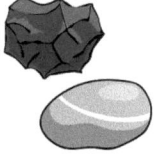

áspero / liso

шероховатый / гладкий

triste / alegre

печальный / счастливый

breve / extenso

короткий / длинный

lento / veloz

медленный / быстрый

mojado / seco

мокрый / сухой

caliente / frío

тёплый / прохладный

guerra / paz

война / мир

0

cero

ноль

1

uno

один

2

dos

два

3

tres

три

4

cuatro

четыре

5

cinco

пять

6

seis

шесть

7

siete

семь

8

ocho

восемь

9

nueve

девять

10

dioz

десять

11

once

одиннадцать

12

doce

двенадцать

13

trece

тринадцать

14

catorce

четырнадцать

15

quince

пятнадцать

16

dieciséis

шестнадцать

17

diecisiete

семнадцать

18

dieciocho

восемнадцать

19

diecinueve

девятнадцать

20

veinte

двадцать

100

cien

сто

1.000

mil

тысяча

1.000.000

millón

миллион

языки

inglés

английский

inglés estadounidense

американский английский

chino mandarín

мандаринский китайский

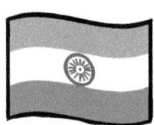

hindi

хинди

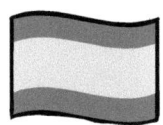

español

испанский

francés

французский

árabe

арабский

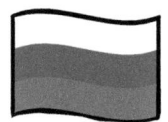

ruso

русский

portugués

португальский

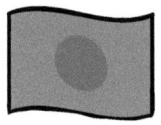

bengalí

бенгальский

alemán

немецкий

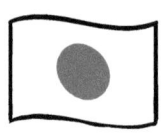

japonés

японский

yo

я

tú

ты

él / ella

он / она / оно

nosotros

мы

vosotros

вы

ellos

они

¿quién?

кто?

¿qué?

что?

¿cómo?

как?

¿dónde?

где?

¿cuándo?

когда?

nombre

имя

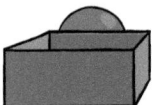

detrás

за

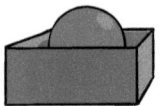

en

в

delante de

перед

encima de

над

sobre

на

debajo de

под

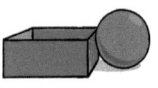

junto a

рядом

entre

между

lugar

место